ERNST L. FREUD und das LANDHAUS FRANK

JÜDISCHE MINIATUREN
Herausgegeben von Hermann Simon

Band 160 ERNST L. FREUD und das LANDHAUS FRANK

Alle »Jüdische Miniaturen« sind auch im Abonnement beim Verlag erhältlich.

Die Deutsche Nationalbibliothek verzeichnet diese Publikation in der Deutschen Nationalbibliografie; detaillierte Daten sind im Internet über https://portal.dnb.de/ abrufbar.

Inh. Dr. Nora Pester
Wilhelmstraße 118, 10963 Berlin
info@hentrichhentrich.de
http://www.hentrichhentrich.de

Lektorat: Jörn Bohlmann
Gestaltung: Barbara Nicol

1. Auflage 2014

Printed in the E.U.
ISBN 978-3-95565-073-5

VOLKER M. WELTER

ERNST L. FREUD und das LANDHAUS FRANK

EIN WOHNHAUS DER MODERNE BEI BERLIN

HENTRICH & HENTRICH

CENTRUM JUDAICUM

Umschlag vorn:
Die Süd- und Ostfassade des Landhauses, 1930er Jahre

Gefördert durch

Historische Gesellschaft
der Deutschen Bank e.V.

Inhalt

Die Ostfassade des Landhauses, 1930er Jahre

Geleitwort

Der 1871 in Bad Dürkheim als Sohn eines jüdischen Kaufmanns geborene Theodor Frank gehört zu den weniger bekannten Vorstandsmitgliedern der Deutschen Bank. Erschütternd ist jedoch sein ab 1933 erlittenes Schicksal. Frank gehörte neben Oscar Wassermann und Georg Solmssen zu den Vorständen, die wegen ihrer jüdischen Herkunft die Bank verlassen mussten. Er emigrierte zunächst nach Belgien, dann nach Südfrankreich. Während des Krieges entging er in Nizza nur durch Zufall der Verhaftung, während seine Frau deportiert und ermordet wurde. Seine letzten Lebensjahre verbrachte er in bescheidenen Verhältnissen in Frankreich, Italien und der Schweiz, wo er 1953 starb.

Begonnen hatte er seine Laufbahn in einem Karlsruher Privatbankhaus, das er nach Beendigung der Lehrzeit verließ, um Angestellter des Mannheimer Bankhauses W. H. Ladenburg & Söhne zu werden. Dessen Inhaber Karl Ladenburg erkannte frühzeitig Franks Fähigkeiten und machte ihn zu seinem Privatsekretär. Als 1905 das Bankhaus Ladenburg in die Süddeutsche Disconto-Gesellschaft umgewandelt wurde, war Frank bereits beteiligt. In der neuen Bank, die zum Konzern der Disconto-Gesellschaft in Berlin gehörte, wurde er schon nach kurzer Zeit Vorstandsmitglied. Eng war sein Name mit der Industrie in Baden und der Pfalz verknüpft. Bei der Muttergesellschaft in Berlin blieben Franks Fähigkeiten und Verdienste nicht unbemerkt. 1922 wurde er in den exklusiven Kreis der persönlich haftenden Geschäftsinhaber der Disconto-Gesellschaft aufgenommen. Nach der Fusion der Disconto-Gesellschaft mit der Deutschen Bank im Oktober 1929 gehörte er für rund vier Jahre dem gemeinsamen Vorstand an.

Nach der Übersiedlung von Mannheim nach Berlin bezog die Familie Frank eine Wohnung am Lützowplatz in der Nähe des Tiergartens, dem bevorzugten Wohnviertel der Berliner Bankiers. Bald gab Frank auch den Bau einer Villa in der Seenlandschaft um Potsdam in Auftrag, wo sich neben anderen sein Kollege Franz Urbig bereits einen Landsitz hatte errichten lassen. Frank entschied sich für ein Grundstück am Schwielowsee mit herrlichem Blick über die Havellandschaft. Ähnlich wie Urbig, der seine Villa 1915 vom damals noch unbekannten Ludwig Mies van der Rohe erbauen ließ, wählte Frank den jungen, erst 36-jährigen Ernst L. Freud als Architekten. Der Sohn Sigmund Freuds hatte nach dem Ersten Weltkrieg bereits einige Wohnbauten in Berlin errichtet. Die von 1928 bis 1930 im Stil der Neuen Sachlichkeit erbaute Villa Frank gilt als sein Hauptwerk in jenen Jahren.

Die Historische Gesellschaft der Deutschen Bank e.V. freut sich, dass mit diesem Band der »Jüdischen Miniaturen« an einen weltoffenen Bauherrn und einen modernen Architekten erinnert wird, die beide ein in Barbarei verfallendes Deutschland verlassen mussten.

Clemens Börsig
Erster Vorsitzender der
Historischen Gesellschaft der Deutschen Bank e.V.

Für Gerwin Zohlen

Prolog

»Am schönen Schwielowsee, steht ein neues Haus.
Wenn es e n d l i c h fertig ist, zieht Ihr alle raus.
Möge es stehen, für alle Zeit,
Glück soll es bringen Euch,
Und auch recht viel F r e u d.«
Marie-Anne Frank, Ende 1920er Jahre[1]

Hoch über dem Schwielowsee erhebt sich seit Ende der 1920er Jahre auf dem Franzensberg in Geltow, südlich von Potsdam, ein modernes Landhaus, welches 1928 bis 1930 nach Plänen des Architekten Ernst L. Freud (1892–1970), ein Sohn Sigmund Freuds, für das Bankiersehepaar Dr. h. c. Theodor und Margot Frank gebaut wurde. Wenn man mit dem Auto den Berg

Die Süd- und Ostfassade des Landhauses, 1930er Jahre

hinauffährt, ist der erste Anblick des Landhauses auf der linken Seite beeindruckend. Backsteinkuben türmen sich zu einer zweigeschossigen, zählt man das abschließende Halbgeschoss dazu, sogar dreigeschossigen Masse aufeinander, die im spannungsreichen Kontrast zu den scharfgeschnittenen Stufen der versetzen Terrassen stehen, die zum See hinüberblicken. Der Eckansicht folgt eine langgestreckte Nordfassade, die sich dem Auge von der den Berg weiter hinaufsteigenden Straße zur Gänze darbietet, bevor man endlich in einem schwungvollen Bogen den Hang herab dem Haus entgegenrollt. Entlang dieser Fassade verwandelt sich die turmartige nordöstliche Ecke in eine Ver-

Die Nord- und Westfassade des Landhauses, Zustand 1992

schachtelung von aufrechten und liegenden, flachgedeckten Ziegelsteinquadern, die die skulpturale Masse des Hauses unterstreichen, aber dem Besucher wenig Orientierung geben. Ein tiefes Vordach über ein paar flachen Treppenstufen an der einen Seite der Fassade markiert den Eingang des Landhauses.

Für Ernst Freud war das Landhaus Frank der Höhepunkt seiner Berliner Architektenkarriere. Nie wieder sollte er ein so großes wie luxuriöses Wohnhaus für einen privaten Bauherren bauen können, der so vermögend war wie der Bankier Theodor Frank. Dessen gesellschaftliche Position als einer der Geschäftsinhaber der Disconto-Gesellschaft, einer Bank, die während der Bauzeit 1929 mit der Deutschen Bank zur Deutschen Bank und Disconto-Gesellschaft (DeDi-Bank) fusionierte, wurde von dem repräsentativen Haus unterstrichen. Das Landhaus garantierte dem Bauherren auch einen Platz in der illustren Reihe von Bankiers, darunter unter anderem Ernst Alfred Eliat, Franz Urbig und Gustaf Schlieper, drei Kollegen Franks bei der DeDi-Bank, Georg Mosler von der Dresdner Bank und Julius Stern von der Nationalbank für Deutschland, die sich in den ersten Jahrzehnten des letzten Jahrhunderts im Südwesten Berlins Villen und Landhäuser von bekannten Architekten wie Ludwig Mies van der Rohe und Paul Baumgarten entwerfen ließen bzw. bewohnten.

Aber weder Architekt noch Bauherr ahnten damals, dass das Landhaus, im Rückblick, das Ende ihrer jeweiligen Leben in Berlin und Deutschland markieren würde. Vielleicht sprachen sie über bestehende und kommende Bedrängnisse und Gefahren für das jüdische Leben in der Weimarer Republik, sollten sie sich auf der Baustelle oder während einer Baubesprechung über die politische Lage ausgetauscht haben. Spätestens 1933 wurde jede Ahnung zur Gewissheit. Im Herbst desselben Jahres gingen Ernst L. und Lucie Freud mit den drei Söhnen Stephen Gabriel, Lucian Michael und Clement Raphael ins Exil nach Großbritannien. Das Ehepaar Frank floh erst 1937 aus Deutschland, seine Flucht war dramatischer und verlief unglücklicher als der Weg ins Exil ihres Architekten. Die Nazizeit und die Wirren des Zweiten Weltkriegs verstreute die Familie Frank in vieler Herren Länder. Margot Frank wurde 1942 von Nazischergen im südfranzösischen Exil ergriffen und später im Konzentrationslager Auschwitz ermordet.[2] Bauherr und Architekt sollten ihr Landhaus, welches sie gemeinsam schufen, nie wiedersehen; doch das Haus erzählt nach wie vor ihre Geschichte.

Auf dem Franzensberg in Geltow

Der Ort des Landhauses wird in der Literatur mit vielen Namen bezeichnet, darunter Alt-Geltow oder Geltow, Schwielowsee, Baumgartenbrück und Auf dem Franzensberg. In der letzten Kommunalreform schlossen sich die am See liegenden Orte unter dem Namen Schwielowsee zu einer neuen Gemeinde zusammen. Das über tausendjährige Geltow wurde damit zu einem bloßen Ortsteil. Der Name Franzensberg ist wesentlich jüngeren Datums, da der ehemalige Weinberg erst 1873 von seinen neuen Eigentümern, Franz und Auguste Röper, ›Franzensberg‹ benannt wurde, nachdem die Gattin ›Augusta-Höhe‹, einen Vorschlag ihres Gatten, bescheiden abgelehnt hatte.[3]
Die unmittelbare Umgebung des Landhauses Frank heißt traditionell Baumgartenbrück, ein Name, der daran erinnert, dass dort hiesiges und drübiges Ufer des Schwielowsees, einer Erweiterung der Havel, sich für eine Fährverbindung bzw. eine Brücke ideal nahekommen. Letztere wurde zum ersten Mal 1676 unter dem Großen Kurfürst Friedrich Wilhelm geschlagen, 1909 durch eine eiserne Brücke und 1945 durch eine hölzerne Notbrücke ersetzt, bis dann 1950, wahrscheinlich durch tatkräftige Unterstützung von Fritz Selbmann, dem ersten DDR Minister für Schwerindustrie und späteren Schriftsteller, der damals im

Landhaus Frank residierte, eine neue stählerne Brücke konstruiert wurde.[4]
Der Name Baumgartenbrück erinnert auch daran, dass die örtliche Topografie einige der schönsten Ausblicke auf den See und die jenseitige Landschaft bietet, weshalb an dieser Seite der Brücke schon lange eine traditionsreiche Gastwirtschaft besteht. Theodor Fontane poetisierte in seinen *Wanderungen durch die Mark Brandenburg* Baumgartenbrück als die »›Brühlsche Terrasse‹ am Schwilow-See«, ein Lob, welches sich daraus ableitet, dass die Qualitäten des Ortes architektonisch gesteigert wurden. Am Schwielowsee springt »bastionartig […] ein mit Linden und Kastanien dicht bestandener Uferwall in den See hinein«[5], wohingegen in Dresden, der Heimat der Brühlschen Terrasse, diese dramatische Ausblicke über die Elblandschaft bietet.
Im Laufe des 19. Jahrhunderts wurde die Geschichte der Umgebung des Schwielowsees immer mehr zu einer der Anbindung an Berlin. Unter den ersten, die kamen, waren Künstler, die in den 1870er Jahren begannen, permanent an den See und in die umliegenden Orte zu ziehen, um der Natur und damit der Quelle aller Kunst näher zu sein.[6] Später, als Berlin zur Großstadt heranwuchs, wurde sein weites Umland aufgrund der gesundheitsfördernden Nähe zur Natur Ziel von Ausflüglern und Sommerfrischlern, die tage-

weise oder für die Dauer der warmen Jahreszeit dem Moloch Stadt entkommen wollten. Auf dem Franzensberg parzellierten die Röpers kleinere Grundstücke für Sommerhäuser, die zumeist von Berlinern erworben wurden. Verbesserte Verkehrsmittel, vor allem Automobile, gestatteten wiederum anderen Berlinern, bequem und regelmäßig zwischen ihren Stadtwohnungen und -häusern und Villen und Landhäusern draußen vor der Stadt, zu pendeln.
Als der Bankier Gustaf Schlieper (1880–1937), wie Theodor Frank ein Geschäftsinhaber der Disconto-Gesellschaft, in den späteren 1910er Jahren die ehemalige Villa Stern in Geltow erwarb, entstand auf diesem Weg auch eine erste Verbindung zwischen dem Franzensberg und der Bank. Die Villa war 1910–1912 auf dem nördlichen Hang des Franzensberg, oberhalb der Landstraße nach Potsdam und Berlin für den Bankier Julius Stern (1859–1914), Eigentümer und Direktor der Nationalbank für Deutschland, und seine Frau Malgonia Stern, eine Malerin, nach einem Entwurf des Architekten Paul Baumgarten (1873–1946) errichtet worden.[7] Henry van de Velde (1863–1957), der Innenarchitekt für die Stadtwohnung der Sterns, stattete in der neuen Villa einige Räume aus und war an der Gartengestaltung beteiligt. Nach dem Tod beider Ehepartner 1914 erwarben einige Jahre später Gustaf und Freda Schlieper die Villa, die sie neben ihrer Stadtadresse

Matthäikirchstraße 8 im Berliner Tiergartenviertel als zweiten Wohnsitz benutzten. Womöglich kannten Theodor und Margot Frank die Gegend von Besuchen bei den Schliepers. Theodor Franks Berufung 1922 in die Direktion der Disconto-Gesellschaft in Berlin war sicher ein Anlass, ihn und seine Frau in die Kollegen- und vielleicht auch Freundeskreise, zum Beispiel während eines privaten Dinners in der Villa, einzuführen. Die Zusammenarbeit der beiden Ehemänner legt es nahe, dass es auch andere private Kontakte gegeben haben mag. Ungeachtet aller Daten und Chronologien: Die von Baumgarten entworfene Villa Stern bzw. Schlieper ist für den Freudschen Landhausentwurf von Bedeutung, doch davon später mehr.

Das Landhaus Frank

Das Landhaus brachte deutliche Veränderungen für die kleine Ansiedlung auf dem Franzensberg. Architektonisch bewahrte der Entwurf Distanz zur Nachbarschaft, er war ganz aus der bevorzugten Lage hoch über dem See heraus entworfen. Und der soziale Hintergrund der Bauherren war neu für einen Ort, dessen Einwohner 1927 hauptsächlich Gärtner, Dekorationsmaler, Wirtschaftlerinnen, Rentiers und Witwen waren.[8]

Theodor und Margot Frank erwarben im April 1928 zehn Parzellen auf dem Franzensberg, zu denen sie im Oktober 1928 und im Juni 1929 zwei weitere hinzukauften, so dass ihr Grundstück letztlich etwas über 12.000 qm groß war.[9] Auf dem Grundstück befand sich die Villa Wustrau, auch ›Bella Vista‹ genannt, das frühere Wohnhaus der Familie Baldenius, die in den 1870er Jahren ein Grundstück von Röper erworben hatten. Fotos zeigen eine neo-klassizistisch beeinflusste Villa mit einem großzügigen Gartensitz, auf dem Korbmöbel und Seeblick zu langen Tagträumen einluden. Alice Schlee, Chronistin von Baumgartenbrück und Tochter von Louis Wustrau, der im späten 19. Jahrhundert die Villa Baldenius erwarb, berichtet in ihren Erinnerungen, dass Theodor Frank ursprünglich plante, diese umbauen zu lassen. Folgt man den Erinnerungen, dann kam es aber nicht dazu, da Margot Frank den Abriss des alten Baus initiierte und Ernst Freud für den Entwurf von dem neuen »großen roten Gebäude« konsultierte, »daß so garnicht in den Rahmen der Landschaft hineinpasst.«[10] Einige Seiten später erinnert sich Schlee vor allem deshalb an den Abbruch der Villa, da der Schutt zur Befestigung von örtlichen Straßen verwandt wurde und sie somit auf ihren täglichen Wegen immer wieder bekannte Bruchstücke des alten Hauses sah.
Wie es auf der Baustelle weiterging, ist unklar. Schlee erwähnt, dass »bei Dr. Frank […] langsam ein neues

Haus in die Höhe« wuchs: »Anfangs war dort ein einfacheres Gebäude vorgesehen, aber als es fast zur Hälfte hoch war, mußte [sic] es auf Wunsch der Nachbarn wieder abgerissen werden. Stattdessen wurde dann das rote Flachdachhaus gebaut.«[11] Das Grundbuch bestätigt, dass auf dem Grundstück Auf dem Franzensberg 1 seit 1883 eine Beschränkung lag, der gemäß der Blick auf die Havel des bergseitigen Eigentums Auf dem Franzensberg 7 über das seeseitige Grundstück hinweg nicht beeinträchtigt werden durfte.[12]
Eine weitere Variante der Entstehungsgeschichte wurde mir 1992 mündlich überliefert. Nach dieser lernte Frau Frank auf einem Urlaub oder Kuraufenthalt Ernst Freud in den Niederlanden kennen. Egal, ob die Bauherrin Gefallen an dem nahezu gleichaltrigen Architekten fand oder ob dieser den entstehenden Neubau kritisierte in der Hoffnung, selber den Auftrag zu erhalten, der Rohbau wurde nach der Rückkehr von Frau Frank zugunsten eines Entwurfes des in Berlin lebenden Wieners abgerissen. Das ist architekturhistorisch wesentlich dramatischer und potenziell auch eine interessantere Version der frühen Entstehungsgeschichte, vor allem, da sie einen bisher unbekannten Architekten involviert. Doch solange die Bauakte des Landhauses verschwunden bleibt, ist alle Vorgeschichte lediglich Gegenstand von Spekulationen.[13] Egal, welche Version der Wahrheit

näher kommt, dass Margot Frank eine entscheidende Rolle gespielt hat, wird durch das eingangs zitierte Gedicht bestätigt, das wahrscheinlich aus der Feder Marie-Anne Franks stammt, der jüngsten Tochter der Franks, denn im zweiten Vers heißt es: »Daß das Haus, das Mutti wunderschön erdacht, / Ueber [sic] recht viel glückliche Menschen wacht«.[14]

Das Ehepaar Frank wünschte sich ein komfortables Wochenend- und Sommerhaus für die Familie, welches gleichzeitig auch einen repräsentativen Rahmen für den Empfang von Arbeitskollegen und Geschäftspartnern bieten sollte. Die Überschneidung von privatem und geschäftlichem Leben war eine Folge von Theodor Franks beruflicher Position. Gemäß seines Arbeitsvertrags mit der fusionierten Bank wurde ihm jährlich eine Aufwandsentschädigung zur Deckung der Ausgaben gezahlt, die auf den durch seine exponierte Stellung erhöhten Lebensstandard zurückzuführen waren.[15]

Freud entsprach dem Bauherrenwunsch mit einer funktionalen Zweiteilung des Landhauses. Das Erdgeschoss war für eine Folge repräsentativer Empfangs-, Wohn- und Speiseräume reserviert. Hauswirtschaftsräume, Dienstmädchenzimmer und andere Personalräume lagen ebenfalls in diesem Geschoss. Das erste Obergeschoss hingegen beherbergte Schlafräume und private Zimmer für das Ehepaar Frank sowie

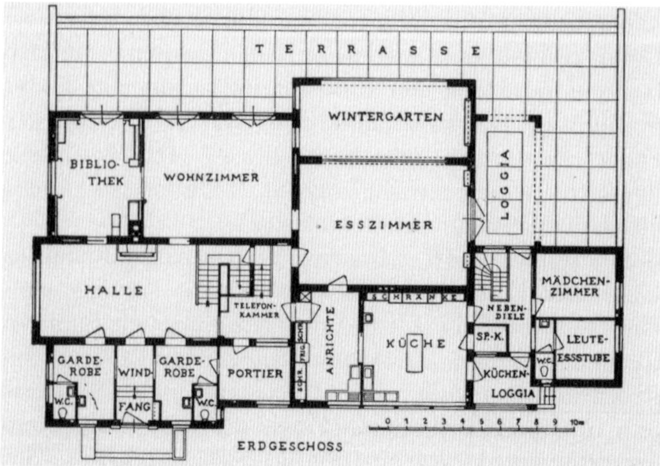

oben: Grundriss Erdgeschoss – unten: Grundriss Obergeschoss

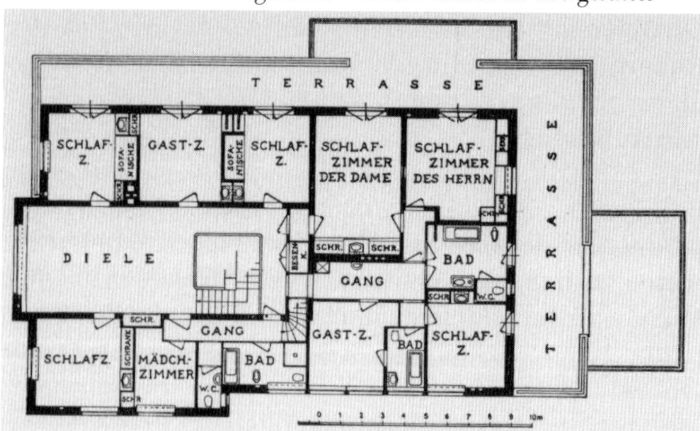

deren Kinder, Familie und Gäste. Im Keller, der an der Nord- und Ostseite gerade so weit aus dem Erdreich lugte, dass niedrige Fenster für natürliche Belichtung und Belüftung sorgen konnten, war, einem Bankier angemessen, ein halb in das Erdreich versenkter Tresorraum geplant. Im halben, zweiten Obergeschoss gab es unter anderem einen Gymnastikraum.
Bemerkenswert an den Grundrissen der beiden Wohnetagen ist der Versuch, Korridorflächen zu eliminieren. Dieses gelang Freud besonders gut im Erdgeschoss, aber nur bedingt auf der oberen Etage. Entlang der südlichen Seeseite des Erdgeschosses ordnete Freud, von Ost nach West, ein Büro nebst Bibliothek, also ein Herrenzimmer, ein Wohn- bzw. altmodischer ausdrückt, ein Gesellschaftszimmer und ein Esszimmer mit vorgelagertem Wintergarten an. Die Abfolge von Räumen an der nördlichen Seite begann, ebenfalls von Ost nach West, mit dem Haupteingang, der auf beiden Seiten von Garderoben mit Gästetoiletten flankiert war und in eine zentrale, querrechteckige, innere Halle mündete, in der die Achse des Eingangs in einem offenen Feuerplatz endete. Beidseitig des Kamins führten Türen in das Herrenzimmer zur linken und in das Wohnzimmer zur rechten Seite. Weiter nach rechts folgte eine zweifachgewendete, offene Treppe in das Obergeschoss, die auch die Grenze zwischen den öffentlichen und haushaltswirtschaftlichen Bereichen

markiert. Letztere umfassten Portiersloge, Telefonraum, und, hinter dem Esszimmer gelegen, Anrichte, Küche, Speisekammer, Kücheneingang, Ess- und Aufenthaltsraum für das Hauspersonal. Dort führte auch eine Innentreppe in das Kellergeschoss, das über einen Wirtschaftshof auch ebenerdig von außen zugänglich war.

Kaminsitzplatz in der Halle im Erdgeschoss

Auf der oberen Etage funktionierte eine Diele, die über der Eingangshalle und östlich der Treppenhalle liegt, als zentrale Wohnhalle für die umliegenden Schlafzimmer und Gasträume. Westlich von der Treppenhalle waren in der südwestlichen Ecke zwei Schlafräume für Margot und Theodor Frank und ein Badezimmer zu einem kleinen Apartment zusammen-

Wohnhalle im Obergeschoss, mit Sofas von Ernst L. Freud und Stühlen von Ludwig Mies van der Rohe

gefasst. Zur Halle hin war das Zimmer der Dame über eine tiefe Doppeltür zugänglich. Das in der Ecke des Hauses befindliche Herrenschlafzimmer war ungestört und direkt nur durch das Damenschlafzimmer zu erreichen. Ein zweiter Zugang führte in der nördlichen Grundrisshälfte von der Halle einen Stichflur entlang, durch vier Türen hindurch, vorbei an dem Badezimmer des Ehepaares und einem separaten Gästeappartement. Letzteres lag in dem nördlichen Teil dieser Hälfte des Obergeschosses und bestand aus einem Gast- und einem Schlafzimmer mit einem kleinen Badezimmer dazwischen.

Um die Wohndiele herum arrangierte Freud auf der südlichen Seite zwei Schlafzimmer, jeweils mit einer Bettkoje, und ein dazwischen platziertes Gastzimmer, vermutlich mit einem Bett möbliert, sowie auf der gegenüberliegenden Seite ein weiteres, direkt von der Halle aus zu betretendes Schlafzimmer und, wiederum über einen abgeschlossenen Gang erreichbar, ein Mädchenzimmer, ein Badezimmer und eine separate Toilette. Von dem Gang aus führte auch eine Treppe in das zweite, halbe Obergeschoss.

Die auf dieser Etage insgesamt neun Schlafräume, Gastzimmer, davon eines wohl als Schlafzimmer gedacht, und Mädchenzimmer standen in einem Missverhältnis zu den vier Badezimmern und separaten Toiletten. Diese waren fast alle im nordwestlichen

Bereich des Grundrisses, oberhalb der Küche mit entsprechenden Wasser- und Abwasserleitungen, konzentriert, und offensichtlich nicht allen Bewohnern und Gästen gleichrangig zugänglich. Zwar konnte das Badezimmer des Appartements des Ehepaares direkt von dem Stichflur aus betreten werden, doch war der Eingang wohl eher für Hauspersonal gedacht als für andere Bewohner oder Gäste. Die Räume um die Diele herum waren zumeist mit in Nischen gestellte Waschbecken versehen, andere Bedürfnisse privater Körperhygiene erforderten jedoch die Halle und den mit Türen verschlossenen Korridor zu durchqueren, um Badezimmer oder Toilette zu erreichen.

Die Mädchenzimmer besaßen keine Waschtische, denn wahrscheinlich waren diese auf beiden Etagen Arbeits- und Aufenthaltsräume für Personal, das nicht in dem nur temporär benutzten Landhaus wohnte. Zudem kaufte das Ehepaar Frank 1929 das Haus Auf dem Franzensberg 6, um es für Personalwohn- und Lagerräume zu benutzen.[16] Zwar bot das Landhaus insgesamt knapp 1.000 qm Wohnfläche an, die Raumanordnungen des ersten Obergeschosses waren jedoch nicht in allen Aspekten überzeugend entwickelt.[17]

Wesentlich besser gelöst ist die Einbindung des Landhauses und seiner Innenräume in das umgebende große Grundstück. Anstatt das Haus oben an die Zugangsstraße zu legen, platzierte Freud es so nahe an der südlichen Geländekante, an der das Grundstück steil zum See herabfällt, dass gerade noch genug Raum für eine großzügige Gartenterrasse vor der Südfassade des Hauses blieb. Dadurch wurde der mögliche Konflikt mit der Aussicht des rückwärtigen Nachbarn reduziert und der Neubau gewann einen nahezu ungestörten Blick über die tiefer am Hang heraufwachsenden Baumwipfel hinweg auf den fernen See. Architektonisch fasste Freud diesen spektakulären Ausblick durch die Kaskade versetzter Terrassen, die vom Dach des Landhauses herunter bis zum Niveau des Gartens reicht.

Die südseitigen Terrassen mit Blick über den See

Im Erdgeschoss öffneten sich alle Räume an der Südseite direkt auf eine vorgelagerte Terrasse, von der zwei flache Stufen auf die Gartenterrasse führten, um die das Haus von der Geländekante zurückgesetzt war. In der Bibliothek und im Wohnzimmer erlaubten raumhohe Glasflügeltüren den Austritt. Das Speisezimmer war mit einer im Fußboden versenkbaren Ganzglaswand von dem Wintergarten abgetrennt, der sich seinerseits in seiner gesamten Breite mittels einer faltbaren, sechsteiligen Glaswand nach außen öffnete. Eine zusätzliche Flügeltür an der Westseite des Spei-

Das Speisezimmer mit Blick durch den Wintergarten und über die Terrassen zum See

seraums führte zu einer kleinen, überdachten, aber ansonsten offenen Loggia.
Das erste Obergeschoss war entlang der südlichen und westlichen Gebäudekante zurückgezogen, um eine durchgehende Terrasse vor allen Schlaf-, Gäste- und Badezimmern an beiden Seiten zu gewinnen. Das noch einmal zurückgesetzte zweite, halbe Obergeschoss gab Zugang zu einer großen Dachterrasse, deren Dimensionen denen des ersten Obergeschosses folgten.
Die Positionierung des Landhauses auf dem Grundstück bestimmte auch die Nordfassade und die Gestaltung des großen, nördlichen Teil des Gartens. Besucher, die den Berg heraufkamen, fuhren nicht auf das Landhaus zu, sondern um es herum, ein Kunstgriff, der den Besitz der Eigentümer und die architektonischen Massen des Bauwerks vorteilhaft zur Geltung brachte. Von der Straße Auf dem Franzensberg, der nördlichen Grundstücksgrenze, war und ist das Landhaus frei sichtbar. Ein geradliniger Weg führt über Treppen den Hang hinab direkt auf die Eingangstür zu, doch vermutlich war das mehr eine architektonische Geste als ein oft benutzter Zugang, denn etwas weiter die Straße entlang gewährte ein großes Tor Automobilen Einlass. Von dort führt ein geschwungener Fahrweg zu einem Rondell direkt ans Haus, wo das weit auskragende Vordach des Haupteingangs wie eine altmodische porte

cochère regengeschützten Eingang gewährte. Zur Rechten des Fahrweges sind hinter einer stark gerundeten Abfangmauer aus Kalksteinquadern die Autogarage und ein Heizungsraum in den Hang eingegraben, darüber waren sonnengünstig niedrige Treibkästen und ein Gewächshaus angelegt, welches in der kalten Jahreszeit künstlich beheizt werden konnte.
Der Hang von der nördlichen Grundstücksgrenze zu dem Haus hinab war ursprünglich terrassiert, wobei niedrige Bruchsteinmauern die Höhenversprünge zwischen den langgestreckten Blumenrabatten markierten. An der östlichen Schmalseite des Hauses gelangt man über einen Fußweg zu der südlichen Gartenterrasse, von wo aus ein weiterer Weg entlang der südlichen Geländekante zu einem runden Freiplatz in der südöstlichsten Ecke des Grundstücks führt. Im Schatten großer Bäume kann genussvoll die Komposition von Haus und Garten betrachtet werden; von dort kann das Auge verfolgen, wie der Architekt kunstvoll die Linie des sanften Schwungs des terrassierten Hangs aufnahm, um sie am Fuße des Landhauses aufstauen zu lassen, dann die steilen, vertikalen Nord- und Ostfassaden herüber- und durch das Stakkato der seeseitigen Terrassen herunterleitete, bevor er sie über die Gartenterrasse in die Unendlichkeit des Sees verschwinden ließ. Fürwahr eine gelungene architektonische Überhöhung der Natur

Blick auf das Haus vom Sitzplatz in der südöstlichen Grundstücksecke

und eine wunderbare Neuinterpretation der Fontaneschen Idee von einer Brühlschen Terrasse am Schwielowsee.

Wie so viele Details ist auch der Urheber der Gartenanlage leider unbekannt. Vielleicht wurde ein bisher nicht identifizierter Gartenarchitekt engagiert, vielleicht hat Freud sie selbst entworfen. Ein möglicher

Hinweis auf dessen Urheberschaft ist die einheitliche Auffassung der Gestaltung von Landhaus und Gartenanlage. Einzelne Gestaltungselemente, zum Beispiel das Motiv der Terrassen, wiederholen sich sowohl in der Architektur als auch in der Landschaftsarchitektur. Andere Formen wie die Rundungen des Heizhauses und diejenigen von Rondell und Sitzplatz verweisen aufeinander. Einheitlich ist auch die Verwendung von Kalkbruchstein für Abfang- und Umfriedungsmauern sowie als Plattenbelag für Gartenterrasse, Treppenstufen und die Wege entlang der Ostfassade und den Hang hinauf zur Straße hin. Kurzum, fast alle Außenflächen, die direkt an gärtnerisch gestaltete Bereiche angrenzten, waren mit unregelmäßig gebrochenen Kalksteinplatten belegt zwischen denen, historischen Fotografien nach zu urteilen, niedriges Gras und Pflanzen frei hervorwuchsen. Auf den erdgeschossigen Terrassen und anderen, leicht erhöhten Außenbereichen, die direkt an das Haus angrenzten, zum Beispiel unterhalb des Vordaches am Hauseingang, waren hingegen zumeist regelmäßig geschnittene Platten verlegt. Natur bzw. der Garten und Architektur waren somit subtil, aber gestalterisch klar voneinander getrennt, selbst wenn sie in der Gesamtkomposition eng aufeinander bezogen waren.

Westlich an die Autogarage schließt ein zweigeschossiges Gärtner- und Chauffeurshaus an. Obwohl dieses wie auch das Haupthaus aus Backsteinen gemauert wurde – am Haupthaus wurden braunviolette Klinker mit einer wie von Sandpapier leicht aufgerauten, sandig-samtenen Oberfläche verwendet, an dem kleineren Haus (und auch an der inneren Mauerschale des mittlerweile abgerissenen Gewächshauses) rotorangefarbene Ziegelsteine –, sind es nicht nur die Formate, Verbund und Farben, die beide Gebäude so unterschiedlich machen, dass ich zum Beispiel 1992 in meinem damaligen bauhistorischen Gutachten zu dem Landhaus annahm, dass das kleinere Haus eventuell aus der Hand des schon erwähnten, unbekannten ersten Architekten der Franks stammen könne.[18] 2002 verwies dann Sophie von Campe darauf, dass im Nachlass Freuds im Royal Institut of British Architects (RIBA) in London ein Grundriss für das Haus existiert, der auf 1929 datiert ist.[19]

Obgleich die zeitliche Abfolge der beiden Häuser somit geklärt ist, besteht die Frage nach dem Architekten des kleinen Hauses weiter. Mit seinen sichtbaren Betonfensterstürzen, den auskragenden Betonplatten, den minimal sichtbaren Blechabdeckungen entlang der Flachdächer und mit seinem klareren, kubischen Volumen sticht das Personalhaus nicht nur hervor, sondern erscheint auch deutlich moderner als das Landhaus. Von Campe argumentiert für die Urheberschaft Freuds, die sie aus der grafischen Gestal-

tung des nicht signierten Plans ableitet, die mit der anderer zeitgenössischer Freudschen Pläne übereinstimmt. Allerdings entwickeln Architekten oft grafische Standards, die es Angestellten und Partnern erlauben, in einem Stil einheitlich zu zeichnen.
Hinzu kommt, dass Freud 1929 begann, mit dem Wiener Architekten Alexander Kurz (1887 geb.) zusammenzuarbeiten, der sich im gleichen Jahr in Berlin niederließ, nachdem er bis 1928 in Brünn, einem Zentrum der europäischen Architekturmoderne, gearbeitet hatte. Einige von Freuds Plänen aus dieser Zeit sind mit »Architekten Freud – Kurz Dipl. Ing.« gestempelt, sodass die Möglichkeit nicht ausgeschlossen werden sollte, dass eventuell Kurz für das kleinere Haus verantwortlich gewesen ist.
Im August 1930 wurde das Landhaus in der Zeitschrift *Die Dame* publiziert. Autorin »Anita« erkannte in dem Landhaus einen »neuen, unaufdringlichen Luxus«, sah in dem »große[n] Wochenendhaus [...] eine erstklassige Wohltätigkeitseinrichtung«, ein »Privatsanatorium mit Sonnenterrassen« für Gäste, Freunde und, so darf vermutet werden, Journalistinnen. »Anita« unterstrich auch, dass das »bis aufs letzte Raffinement auserdachte Haus [...] sich unauffällig und restlos der Landschaft« anpasste.[20]
Dieser Eulogie folgte wenige Jahre später eine seriösere, wenn auch wesentlich nüchternere Beurteilung

durch den Kunsthistoriker Gustav Adolf Platz, als dieser Grundrisse und Innenraumaufnahmen des Landhauses in seinem 1933 erschienenen Buch *Wohnräume der Gegenwart* veröffentlichte. Zusammen mit dem Gegenstück *Baukunst der Gegenwart* (1930) war dies eine der frühesten und noch heute wichtigsten Bestandsaufnahmen der modernen Architektur und Innenarchitektur der Weimarer Republik. Nicht nur war das Landhaus Frank in dem Band illustriert, sondern Platz nannte es als eines von nur vier Beispielen, welche die »sinnvolle Einfügung in die freie Landschaft, die gegenseitige Steigerung von Haus und gestalteter Natur« hervorragend illustrierten, vor allem da sich deren Architekten an den Grundsatz »Wir öffnen den Raum, aber wir lösen ihn nicht auf!« gehalten hatten.[21]

Die zurückhaltende Aufnahme des zweiten Bands nach seiner Publikation im Mai 1933 verweist auf das weitere Schicksal vieler Architekten und Bauherren, deren Häuser Platz in dem Band besprach. Ihre Werke mögen in Büchern wie die von Platz überlebt haben, sie aber wurden von den Nationalsozialisten in den Tod oder ins Exil getrieben und fielen so der Vergessenheit anheim. So verschwand auch über die Jahrzehnte das Wissen um Freud als Entwerfer des Landhauses. Dass auf dem Franzensberg ein ungewöhnliches, modernes Haus steht, wurde immer wieder gesehen, zum Beispiel als Denkmalpfleger darüber spekulierten, ob es eventuell ein bisher unbekanntes Frühwerk aus der Hand des Architekten Ludwig Mies van der Rohe sei, der 1937 ins amerikanische Exil gegangen war, oder ein übersehener Bau von dem belgischen Baukünstler Henry van de Velde, der in Weimar die Vorläuferschule des späteren Bauhauses geleitet hatte, bis er mit Beginn des 1. Weltkrieges geschmäht seine Wahlheimat verlassen musste.[22] Erst 1991 erinnerte Lilli Thurn und Taxis daran, dass das Landhaus von Ernst Freud, einem Sohn Sigmund Freuds, entworfen worden war, und das dessen Name als verantwortlicher Architekt durchaus und recht einfach in Veröffentlichungen aus der Zeit der Weimarer Republik zu finden sei.[23]

Im Berlin der Goldenen 1920er Jahre hatte Freud sich einen Namen gemacht als Entwerfer von bürgerlichen Wohnhäusern, Inneneinrichtungen und Möbelstücken. Er war auch einer der ersten, wenn nicht sogar *der* erste Architekt, der Behandlungszimmer und -couchen für Psychoanalytiker entwarf, die bei seinem Vater in Wien gelernt hatten und, wie Ernst Freud, dann in Berlin lebten. Anfang der 1990er Jahre war Ernst Freud jedoch einer der vielen, nicht weiter bekannten Architekten der modernen Architekturgeschichte.

Ernst L. Freud, Architekt

Ernst Freud wurde am 6. April 1892 als das vierte der sechs Kinder von Sigmund und Martha Freud in Wien geboren. Seine älteste Schwester Mathilde und seine beiden Brüder, Jean Martin und Oliver, wurden vor, seine beiden Schwestern, Sophie und Anna, nach ihm geboren. Ernst Freud war das erste der Kinder, das in der Berggasse 19 zur Welt kam, wo die Freuds seit Anfang des 20. Jahrhunderts in den zusammengelegten Wohnungen Nr. 5 und Nr. 6 lebten. Das väterliche Behandlungszimmer mit der berühmten Couch und dem anschließenden Arbeitszimmer lag in einem kurzen Seitenflügel.
Das Zuhause in der Berggasse war eine typische, bürgerliche Etagenwohnung aus dem 19. Jahrhundert, die ausreichenden, aber keinen übermäßigen Platz anbot für einen Haushalt, der neben Sigmund Freud und seiner Frau fünf Kinder, Minna Bernays, eine Schwester von Martha Freud, und ein Hausmädchen zählte. Ein Gefühl räumlicher Enge wurde verstärkt durch den unregelmäßigen, aber typischen Grundriss. Da dieser eher historischen Grundstückszuschnitten als funktionalen Bedürfnissen folgte, gab es oft gefangene Räume, die nur durch andere hindurch zu betreten waren, und Zimmerfluchten, die bürgerlichen Repräsentationsansprüchen genügten, aber das Familienleben er-

schwerten. Neben dem Platz, den die väterliche Praxis beanspruchte, legte diese dem Familienleben auch einen streng regulierten, zeitlichen Ablauf auf. Über die Jahre füllte der wachsende Besitz der bürgerlichen Familie allen Platz, den die verwinkelte Verbauung und Nutzung aller Zimmer freiließen, allen voran Sigmund Freuds Sammlung von antiken Objekten, Kunstwerken und Büchern.

Als Ernst Freud 1923, damals war er schon Architekt in Berlin, bei einem Besuch bei den Eltern vorschlug, die Wohnung neu zu organisieren, kommentierte Anna Freud in einem Brief diesen Versuch des älteren Bruders:

> »Er wollte in der kurzen Zeit, die er hier war, lauter Neuerungen machen und uns alles zeigen, was wir besser machen sollten. Und weil ich da gar nicht mitgehen wollte, findet er, daß ich ganz unjugendlich und mutlos und konservativ geworden bin, wie ich nicht sein sollte. Aber ich glaube, er hat nicht Recht. Weil ich hier lebe, weiß ich daß sich alles irgendwie im Lauf der Zeit ergeben hat, eben dem Wesen der Menschen um uns nach und richte mich danach ein«.[24]

Die schwesterliche Hartnäckigkeit hielt den brüderlichen Überschwang – oder war es ein Protest gegen das Elternhaus? – erfolgreich im Zaum. Ihr Gedanke, dass Wohnen mit Gewohnheit zusammengeht, formulierte aber auch ein Axiom, das für Ernst Freuds Verständnis von Architektur und Innenarchitektur höchst bedeutsam werden sollte, denn um sich in einer Wohnung oder einem Haus einzurichten, braucht der Mensch vor allem Zeit, während der er sein Zuhause mit Gegenständen und Objekten füllen kann, an denen sich Träume, Sehnsüchte und Erinnerungen festmachen können. Sigmund Freud zum Beispiel streichelte jeden Morgen einige der antiken Figuren, die er auf der Schreibtischkante zur stummen Zwiesprache aufgereiht hatte.[25] Ernst Freud entwickelte eine ähnliche Haltung zur Notwendigkeit von Kunst und Antiquitäten in der Innenarchitektur und, in seinem Falle, auch Farben und Oberflächenstrukturen als Ankerpunkte menschlicher Erinnerungen und Hoffnungen. So beginnt zum Beispiel ein Aufsatz, der mit Fotografien von Freuds Wohnung in der Regentenstraße 23 in Berlin illustriert war, mit dem Hinweis, dass Kindern und Erwachsenen selbst Tapetenmuster und Silhouetten von Möbelstücken zum Anlass von Erinnerungen werden können.[26]

Handfesteres architektonisches Wissen erwarb Ernst Freud gemeinsam mit seinem Jugendfreund Richard Neutra, der in den 1940er Jahren zu einem der bekanntesten modernen kalifornischen Architekten wurde. Beiden gemeinsam war nicht nur dasselbe Geburtsjahr (und Todesjahr), sondern auch die Vorliebe, Wien auf der Suche nach neuer Architektur zu durchstreifen. Für Neutra bedeutete das vor allem Werke von Otto Wagner; später, als sie beide schon studierten, kamen auch gemeinsame Reisen nach Italien und auf den Balkan hinzu.

Freud studierte an der Technischen Hochschule Wien vom Wintersemester 1911/12 bis zum Sommersemester 1913.[27] Nach der Zwischenprüfung im Juli wechselte er zum Wintersemester 1913/14 an die Technische Hochschule München. Mit Ausbruch des Ersten Weltkriegs im Herbst 1914 kam Freud als Freiwilliger mit einer schweren Artillerieeinheit an die Österreichisch-Italienische Front. Nur durch Zufall überlebte er die 3. Isonzo Schlacht im Oktober 1915, da er, kurz bevor ein Volltreffer auf seinen Unterstand fünf Kameraden tötete, gerade herausgetreten war. Für die Teilnahme an der Schlacht erhielt er die erste von drei militärischen Medaillen; die Kameraden durfte er mit einem Entwurf für ein Erinnerungsmal ehren, das aber wohl nie errichtet wurde.[28] Nach dem Krieg kehrte Freud zum Wintersemester 1918/1919 nach München zurück, wo er im April 1919 die Diplomprüfung bestand, offensichtlich unbeteiligt an den revolutionären Unruhen der kurzlebigen Räterepublik.

Drei Ereignisse aus Freuds Studenten- und Soldatenzeit sind für seinen weiteren Lebensweg bedeutsam. In Wien besuchte Freud ein Jahr lang gelegentlich

Veranstaltungen der privaten Bauschule, die Adolf Loos im Herbst 1912 gegründet hatte. Im ersten Jahr unterrichtete Loos das Thema Privatwohnungen, dem späteren Schwerpunkt in Freuds architektonischer Karriere. Der Architekt Felix Augenfeld, ein Freund Freuds und Neutras, erwähnt in seinen Erinnerungen Freud als einen Mitschüler, der kam und ging, wie es ihm beliebte, aber trotz dieser Kavaliersattitüde deutlich von Loos beeinflusst war.[29]

Zweitens, während des Kriegs lernte Freud im Februar 1916 Rainer Maria Rilke persönlich kennen, den er und seine Schwester Anna schon lange verehrten. Durch Lou Andreas-Salomé wusste der Poet davon. Nach dem schrecklichen Erlebnis in der Isonzo Schlacht schenkte Rilke Freud zu Weihnachten 1915 das Bändchen *Feldpredigt* der Dichterkollegin Regina Ullmann mit einer persönlichen Widmung des Dichters an seinen Bewunderer. Worüber Dichter und Soldat parlierten, ist nicht überliefert. Rilkes Gedanke – 1910 in den *Notizbüchern des Malte Laurids Brigge* notiert –, dass die Erfahrung von Städten, Menschen und Dingen der Urgrund des schöpferischen Akts sei, Verse zu verfassen, war für den angehenden Architekten nicht nur faszinierend, sondern erschien ihm auch als womöglich auf die Architektur übertragbar.

Drittens, entgegen dem, was gelegentlich in der Literatur zu lesen ist, war Freud gemäß seines eigenen

Studienbuchs kein Schüler von Theodor Fischer, dem Münchner Professor vieler, später hoch angesehener moderner Architekten.[30] In München aber traf er seine zukünftige Frau Lucie Brasch, was über mögliche Enttäuschungen, nicht an Fischers Seminar teilgenommen zu haben, hinweggeholfen haben dürfte. Brasch hatte seit 1916 Deutsche Philologie an Berlins Friedrich-Wilhelms-Universität studiert, in München hörte sie klassische Philologie und besuchte Heinrich Wölfflins kunstgeschichtliche Vorlesungen.[31]
Lucie Brasch (1896–1989) kam aus einer eingesessenen Berliner Familie von Getreidekaufleuten mit Landbe-

Ernst und Lucie Freud, wahrscheinlich auf Hiddensee in den frühen 1920er Jahren

sitz in der Gegend von Gaglow, nahe Cottbus. Gerda Brasch, eine ihrer vier Schwestern, hatte schon 1919 den Kinderarzt Carl Mosse, einen Sohn des Verlegers Rudolf Mosse, geheiratet. Die beiden sollten 1933 unter den letzten Berliner Bauherren Ernst Freuds sein. Der Vater von Lucie Brasch war um die Jahreswende zu 1920 verstorben. Er wurde gelegentlich als »ein weiser und weitsichtiger« Kaufmann beschrieben, der immer für wohltätige Zwecke ein offenes Ohr hatte.[32] Ernst Freud folgte Lucie Brasch nach Berlin, wo beide im Mai 1920 heirateten. Aus Liebe und aus Achtung vor seiner Frau fügte Freud zu diesem Zeitpunkt seinem Namen die Initiale »L.« hinzu, und nicht etwa weil sein zweiter Vorname Ludwig war. So jedenfalls erzählte es mir Stephen Gabriel, der älteste Sohn des Paares, der, im Juli 1921 geboren, heute hochbetagt in der Nähe Londons wohnt. Sein Bruder Lucian Michael, der weltberühmte britische Maler, der 2011 verstarb, folgte im Dezember 1922, und im April 1924 kam der jüngste der drei Brüder, Clement Raphael, zur Welt, den Anglophile, bis er 2009 verstarb, als zeitweiliges Mitglied des House of Parliament, Talkshowgastgeber der British Broadcasting Corporation, kochenden Restaurateur und TV-Werbemann für Hundefutterkonserven kannten und schätzten.

Zu Anfang der Berliner Jahre lebte das Paar in einer Wohnung in der Regentenstraße 11 im Tiergartenviertel, die wohlmöglich bis zu seinem Tod 1920 von Johannes Maximilian Mosse, einem Onkel von Carl Mosse, bewohnt gewesen war.[33] Spätestens seit 1924 verzeichnet das *Berliner Adreßbuch* die Wohnung der Eheleute in Nr. 23 am anderen, nördlichen Ende derselben Straße. 1932 zog die Familie noch einmal in das Haus Matthäikirchstraße 4 um, das um die Ecke lag.

In der zweiten Hälfte des 19. Jahrhunderts war das Tiergartenviertel die vornehmste Wohngegend Berlins, wo sich die wohlhabende Oberschicht, oft Bankiers und Unternehmer, Häuser draußen vor der Stadt baute. Im frühen 20. Jahrhundert hingegen lebte in dem Viertel aber ein breiteres soziales Spektrum von Berlinern. In der Regentenstraße 11 wohnten neben dem Ehepaar Freud je ein Magistratsrat, Arzt, promovierter Justizrat, Töpfermeister, Konditor und Buchdrucker, respektierliche, aber eben nicht alle zum gehobenen Bürgertum gehörende Berufe. Als 1930 das Haus Nr. 11 für den Neubau des Shell-Bürohauses von Emil Fahrenkamp abgerissen wurde, waren die Freuds schon lange in die Regentenstraße 23 weitergezogen.

Die neue Wohnung lag an dem vom Landwehrkanal abgewandten Ende der Straße in einem Doppelmietshaus aus den 1860er Jahren mit einer üppigen Neo-Renaissance Fassade. Die soziale Zusammensetzung der Mieter entsprach dort noch eher althergebrachten

Vorstellungen vom vornehmsten Wohnviertel Berlins. Die Freuds teilten sich Nr. 23 mit zwei Direktoren, einer mit und einer ohne Doktortitel, einem Ministerialrat und einem Geldzähler der Reichsbank. Nebenan in Nr. 24 wohnte der Bildhauer Georg Kolbe, gegenüber in Nr. 2 der Volkswirtschaftler Dr. Franz Oppenheimer[34], dessen Ideen für genossenschaftliche Siedlungen die Reformsiedlung Eden bei Oranienburg wie auch zionistische Siedlungsvorschläge beeinflusste. 1930 zog Alexander Kurz ebenfalls in das Haus Nr. 23, doch schon zwei bzw. drei Jahre später standen beide Haushälften leer.

Ihre letzte Berliner Wohnung fand die Familie 1932 in der Matthäikirchstraße 4 in einem Haus, das nahe, aber nicht direkt an dem gleichnamigen Platz lag. Dort wohnten sie allerdings nur bis zum Herbst 1933. Im Sommer des Jahres war Ernst Freud schon für mehrere Wochen in London, um das Exil vorzubereiten, indem er eine Internatsschule für die Söhne, eine Wohnung für sich und Lucie und Arbeit als Architekt suchte.

Nach seiner Kindheit und Jugend in Wien und dem Studium dort und in München lebte Freud in Berlin wiederum in einem bedeutenden Zentrum moderner Architektur. Im Berlin der Nachkriegszeit war die Suche nach einem neuen, dem Zeitgeist gemäßen Baustil von radikal-modernen Künstlern- und Architekten bestimmt, für die ihr Handwerk Mittel zum Zweck war, die mittels dem Neuen Bauen die Gesellschaft umfassend neu ordnen und gleichzeitig einen Neuen Menschen kreieren wollten. Für Architekten wie zum Beispiel Bruno Taut, Walter Gropius und Ludwig Hilberseimer, um nur drei zu nennen, war Bauen weniger ein ästhetisches als mehr ein soziales und ökonomisches, kurzum ein politisches Problem, das oft in städtebaulichen Projekten für soziale Wohnsiedlungen für die kommende sozialistische Gesellschaft Ausdruck fand. Für andere Architekten wie Ludwig Mies van der Rohe mag zwar das Primat der Architektur als Kunstform Vorrang über Tagesfragen gehabt haben, doch war dessen Architektur deshalb nicht weniger radikal, wie die Auflösung traditioneller Grundrisse, zum Beispiel in dem spektakulären Projekt für ein Backsteinlandhaus von 1924, eindrucksvoll belegt. Freuds privates Leben überschnitt sich mit den radikal-modernen Kreisen, er kannte Erich Mendelsohn, er war wohl mit Josef Albers befreundet, von dem er und Lucie Kunst besessen haben sollen, und er engagierte sich politisch in zionistischen Kreisen.

In seiner Jugend war Freud Mitglied der zionistischen Jugendorganisation *Blau-Weiß* gewesen. In München war er Mitglied einer jüdischen Burschenschaft, obwohl nur seine Altherrenmitgliedschaft in *Hasmonaea*

in Berlin dokumentiert ist. In der bayerischen Hauptstadt begann auch die Freundschaft mit Gustav Krojanker, der Mitglied der Studentenvereinigung *Jordania* war. 1930 entwarf Freud Möbelstücke für den Freund, nachdem der 1929 in Berlin einer der Direktoren des Jüdischen Verlags geworden war. 1913 hielt Freud in München einen Vortrag über ›Radikalen Zionismus‹, doch sind davon keine Notizen oder Mitschriften überliefert. Die Freundschaft mit Krojanker lässt vermuten, dass Freud von Achad Ha'ams kulturellem Zionismus inspiriert war, der Jerusalem als die spirituelle Heimat eines erneuerten Judentums betrachtete. Diese Position vertrat auch Martin Buber, der Herausgeber der Zeitschrift *Der Jude*. Krojanker war einer der Redakteure des Blattes und Freud einer der Leser. Vergrößerungen historischer Fotografien des Arbeitszimmers in der Regentenstraße 23 zeigen mehrere Bände von *Der Jude* in Freuds Bücherregal.
Einige von Freuds ersten Architekturprojekten standen ebenfalls unter dem Stern des Zionismus, darunter eine Ölmühle in Palästina für die wohlhabende Kaufmannsfamilie Eitingon, deren Sohn Max Zionist, Förderer von Sigmund Freud und Psychoanalytiker war. 1919 sorgte der dafür, dass Ernst Freud von dem Berliner Architekten Alexander Bärwald für das Projekt eingestellt wurde. Ein weiteres zionistisches Projekt war ein ebenfalls nicht realisiertes Wohnhaus

für Chaim und Vera Weizmann auf dem Campus der Hebräischen Universität auf dem Skopusberg in Jerusalem. Das Wohnhaus Weizmann sollte ein Teil der Hebräischen Universität werden, an der Weizmann damals noch plante, sein eigenes Forschungsinstitut zu etablieren, nachdem er die HU als zionistisches Projekt offiziell 1918 mitgegründet hatte. Später entschied Weizmann sich, sein Institut in Rehovot zu gründen, wo Mendelsohn dann dass heute bekannte Wohnhaus Weizmann baute. Freud erhielt den Auftrag 1926 auf Vermittlung von David Eder, einem prominenten Zionisten und einer der ersten Psychoanalytiker in Großbritannien, der mit Sigmund Freud, Chaim Weizmann und dem schottischen Biologen und Städtebauer Sir Patrick Geddes befreundet war. Letzterer wurde 1918 von Weizmann mit der Planung der Universität beauftragt.
Die zionistischen Projekte mögen zwar auf Freuds Träume als junger Architekt in einer revolutionären Zeit verweisen, doch begann seine Architektenkarriere wesentlich pragmatischer mit Entwürfen für drei Wohnhäuser. In schneller Folge baute Freud 1921 und 1922 in Berlin das Haus Maretzki, das Doppelhaus Levy und Hofer und das Zweifamilienhaus Schimek. Für einen jungen Architekten war das kein schlechter Start, wie Neutra am 18. Juli 1921 in sein Tagebuch schrieb.[35] Die beiden Haushälften für die

Rentiers Levy und Hofer waren unter einem steilen Spitzdach vereint, das Haus Maretzki eine kleinere, zweistöckige Vorstadtvilla mit einem Walmdach, und das Haus Schimek ein T-förmiger Bau mit Balkonen, Veranden und einem großzügigigem Garten. Während seiner Berliner Zeit entwarf Freud insgesamt neun Wohnhäuser, zumindest eines davon unbeendet. Weitere neun Projekte für umfangreiche Umbauten und Renovierungen bestehender Häuser sind bekannt, doch mangels Originalplänen nicht in allen Details vorliegend. Das Gros von Freuds Berliner Arbeiten waren Inneneinrichtungen und Möbelentwürfe. Vierzig Projekte in Berlin, die von kompletten Einrichtungen bis hin zu gelegentlichen Bettgestellen reichen, konnte ich nachweisen, doch Hunderte von unbeschrifteten Plänen und Fotografien im Freud-Nachlass im RIBA in London sind bis heute nicht identifiziert. Hinzu kommen noch sieben Projekte für psychoanalytische Räume und sechs für Büros, Geschäfte und einen Tabakspeicher.

Die drei Erstlingswerke waren Aufträge von typischen Bauherren Freuds. Der Rechtsanwalt Ernst Maretzki und seine Frau Eva und der Kartonagenfabrikant Josef Schimek und dessen Frau Amalia stehen hier stellvertretend für viele andere Bauherren Freuds, die zumeist, aber nicht immer, jüdisch und oftmals Kaufmänner, Unternehmer, Juristen, Bankiers, Mediziner und Psychoanalytiker waren. Freuds bisher identifizierte Berliner Bauherren gleichen einem *Who's Who* des jüdischen und nicht-jüdischen gehobenen Bürgertums, welches neben bekannten Namen wie Gottfried Bermann (Verleger), Dodo (Malerin) und Dr. Wolfgang Herrmann (Kunsthistoriker) viele heute eher unbekannte enthält darunter zum Beispiel Rudolf Gleimius (Bankier), Otto Levy, Arno Wittgensteiner (Jurist), Dr. Fritz Michael (Chemiker), Heinz Pulvermann (Generaldirektor) und Szlama Rochmann (Fabrikant der Zigarettenmarke *Problem*).[36] Wie viele von ihnen aus dem Umfeld der Familie Brasch stammten, ist schwer zu ermitteln, doch Neutra, der die Familie in dem erwähntem Tagebucheintrag als wohlhabend bezeichnet, verweist indirekt darauf, dass familiäre Verbindungen halfen. Andere kamen aus Berlins Psychoanalytikerkreisen. So entwarf Freud für Karl Abraham, Max Eitingon, Hans Lampl und Jeanne (Adriana) Lampl-de Groot, Sandor Radó und René Arpad Spitz Inneneinrichtungen und häufig auch Konsultationsräume inklusive der Couchen. Freud gestaltete ebenfalls die Räume der Poliklinik für die psychoanalytische Behandlung nervöser Krankheiten (1920, 1928) und der von Ernst Simmel gegründeten Psychoanalytischen Klinik *Sanatorium Schloß Tegel* (1927).

Diese drei frühen Häuser illustrieren weiterhin, dass Freud anstrebte, Haus, Inneneinrichtung und Möbel

als Einheit zu entwerfen, die idealerweise auch den Garten miteinbezog. Damit folgte er der Forderung seines Wiener Lehrers Loos, ein Wohnhaus als Ganzes zu sehen, obgleich nicht alle Bestandteile notwendigerweise aus einer Hand stammen müssen. Für fünf seiner neun Neubauten entwarf Freud neben dem Haus zumindest Teile der Innenausstattung. Dasselbe gilt ebenfalls für mindestens fünf Umbauten. Für die Gärten dieser zehn Projekte war Freud in drei Fällen zuständig und wahrscheinlich auch in drei anderen. Übrigens reichte Freud in den frühen 1920er Jahren Gartenentwürfe, darunter die für das Haus Maretzki und das Haus Henneberg, oft an Richard Neutra weiter, dem er geholfen hatte, nach Berlin zu kommen.[37]
Architektonisch waren die drei Erstlingsbauten solide, architekturhistorisch sind sie insofern interessant, als sie schon früh den Stilpluralismus illustrieren, der ein Markenzeichen Freuds in Deutschland und Großbritannien werden sollte. Freuds Architektur entwickelte sich nicht im Laufe der Zeit auf eine immer reinere Moderne hin, mit dem Landhaus Frank als dem Höhepunkt dieser Tendenz, wie gelegentlich zu lesen ist.[38] Kurz nach dem Landhaus Frank entwarfen Freud und Kurz ein wohlproportioniertes, aber dennoch schwerfällig erscheinendes Haus für den Parfümfabrikanten Scherk, einen bekannten Förderer moderner Architekten, dessen runder Erker sich behäbig um eine

Hausecke bog, statt flott um sie herumzuschießen, ähnlich den Vorbildern von Mendelsohns Bauten. Die Arbeiten am Landhaus für Carl und Gerda Mosse, Freuds letztem Werk aus seiner Berliner Zeit, an dem er seit 1932 in Krampnitz baute, wurden 1933 eingestellt. Zu dem Zeitpunkt war nur ein Chauffeurhaus mit Garage und einem überhöhten Steildach fertiggestellt. Sollte dieses Gebäude stellvertretend für den Entwurf des Anwesens stehen, dessen Bauakte unauffindbar ist, dann fand Freud Inspiration für dieses Landhaus in ländlichen Bauweisen und nicht in der Weiterentwicklung eines mit dem Landhaus Frank erreichten Niveaus moderner Architektur.

Schon 1930 wies der Berliner Baubeamte Albert Sigrist darauf hin, dass »das Neue Bauen [...] zwei Gesichter [hat]: es ist in der Tat beides, großbürgerlich und proletarisch, hochkapitalistisch und sozialistisch.«[39] Dieser Einsicht gemäß ragt das Landhaus Frank mindestens aus zwei Gründen aus Freuds Œuvre hervor. Als Vorstandsmitglied der damals größten Bank Deutschlands war Franks soziale Stellung ungewöhnlich unter Freuds Bauherren, und die repräsentativen Bedürfnisse des Ehepaares gingen wahrscheinlich über die hinaus, die Freud bisher gewohnt war. Die Größe des Landhauses, Umfang und Niveau der Ausstattung unterstreichen auch die Rolle des wohlhabenden Bankiers und seiner Frau als

Mäzene, und nicht einfach nur Bauherren des jungen Architekten. Außerdem interpretiert das Landhaus Frank den Bautyp Bankiersvilla neu, einen Typus, den Freud bis zu dem Zeitpunkt nicht entworfen hatte, für den es im zeitgenössischen Baugeschehen aber Beispiele bekannter Architekten gab.

Dr. h.c. Theodor und Margot Frank

Theodor Frank stammt aus Grethen in der Nähe von Bad Dürkheim, wo er im April 1871 als Sohn eines Kurzwarenkaufmanns geboren wurde.[40] Seine Berufslaufbahn in der Welt von Banken war offenbar vorbestimmt, denn schon mit fünfzehn wurde er Lehrling in einer Privatbank in Karlsruhe.[41] Selbst wenn Frank somit nicht aus einer Bankiersfamilie stammte, begann seine Karriere dennoch im Umfeld der zahlreichen jüdischen Privatbankiers des 19. Jahrhunderts, deren »Aufblühen […] besonders im Südwesten Deutschlands als der ›Epilog der Hofjuden‹ bezeichnet« worden ist.[42] Nach der Lehrzeit fand Frank eine Anstellung bei dem privaten Mannheimer Geldinstitut W. H. Ladenburg & Söhne. 1889, in dem Jahr, in dem Frank vermutlich nach Mannheim umzog, kam dort im April Margot Kaufmann, seine spätere Frau, zur Welt.[43] Schon kurz nach seiner Anstellung erhielt Frank

Prokura, die Handelsvollmacht. 1905 formierte sich die Mannheimer Privatbank unter Beteiligung der Berliner Disconto-Gesellschaft als Süddeutsche Disconto-Gesellschaft A.-G. neu. Frank war zunächst Prokurist, wurde jedoch schon bald zum Vorstandsmitglied der Mannheimer Bank berufen.

Theodor Frank und seine Nichte Margarete (Gretel) Ladenburger auf der Terrasse des Landhauses, frühe 1930er Jahre

1909 heiratete er Margot Kaufmann, Tochter eines Hopfen- und Malzfabrikanten,[44] die er angeblich als Sekretärin bei der Bank kennengelernt hatte.[45] Das Paar zog nach Heidelberg, wo 1910 und 1912 zwei Töchter, Ruth und Ilse, geboren wurden. 1915 folgte Hans Martin und 1919 Marie-Anne. Schon 1914 war

Margot Frank auf der Terrasse des Landhauses, frühe 1930er Jahre

Ilse, Martin mit Marie-Anne auf seinen Schultern und Ruth Frank (v.l.n.r.) posieren im Wintergarten des Landhauses, frühe 1930er Jahre

die Familie wieder in Mannheim ansässig, zunächst in der Prinz-Wilhelm-Straße 19 und seit 1920 in der Mollstraße 51. 1922 wurde Theodor Frank als Geschäftsinhaber in das Direktorium der Disconto-Gesellschaft berufen und die Familie verlegte ihren Wohnsitz im April nach Berlin. Die Verleihung des Titels Ehrendoktor der Staatswissenschaften durch die Ruprecht-Karls-Universität Heidelberg im Juli 1923 unterstreicht die Bedeutung dieses Karrieresprungs. Frank war 1922 in Anerkennung seines Wirkens für »die Entfaltung der industriellen Kräfte und [...] Mehrung der staatlichen Finanzen des badischen Landes«[46] für den Titel nominiert worden, mit auf der Vorschlagsliste stand unter anderen auch der Bankier Paul Millington-Herrmann, Franks späterer Kollege bei der DeDi-Bank. Franks Dankesworte drücken seine tiefe Verbundenheit zum Badischen Land, und damit auch den Einschnitt aus, den der Umzug nach Berlin bedeutete.[47]

Mit der Anbindung an das Tiergartenviertel durch die Herkulesbrücke (1890) war der südlich vom Tiergarten und Landwehrkanal gelegene Lützowplatz eine begehrte Adresse geworden. Als die Franks dorthin zogen, standen an ihm bis zu fünfgeschossige, großzügige Etagenwohnhäuser. Die neue Wohnung am Lützowplatz 7 – das Haus wurde Ende der 1920er Jahre in Nr. 13 umnummeriert – lag im letzten

Der Lützowplatz ca. 1921, die Franksche Wohnung im Haus Nr. 7 (das letzte hohe Haus rechts) lag im 4. Obergeschoss hinter den Rundbogenfenstern

Obergeschoss. In den Etagen darunter lebten unter anderem 1922 die Bankiers Millington-Herrmann und Hermann Nathansohn sowie Walter Sobernheim, der Besitzer der Berliner Schultheiss-Brauerei.[48] Aus dem vierten Obergeschoss gewährten Rundbogenfenster großartige Ausblicke auf den begrünten Platz und die angrenzenden Straßen, etwas, worauf die Franks in ihrem Landhaus nicht verzichten wollten. Schon Fontane hatte die Aussicht von Baumgartenbrück über den See mit dem Blick vom Balkon eines Wohnhauses verglichen, der über einen weiten Platz streicht, während unten städtisches Treiben die Straßen anfüllt: »Der Platz ist der Schwilow-See, die belebte Straße ist die Havel«.[49] Diesem Bild fügten die Terrassen des Landhauses die entsprechenden Aussichtsplattformen hinzu.

Neben zwei Wohnzimmern und einem großen Speiseraum bot die Stadtwohnung sieben Schlafräume und vier Badezimmer an einem langen Korridor. Koch, drei Dienstmädchen, Kinderfräulein, Barbier und Masseuse waren täglich beschäftigt, Reinmachefrau, Waschfrau, Büglerin, Näherin und Modistin hingegen nur bei Bedarf. Ebenfalls einmal die Woche zog ein Uhrmacher alle im Haushalt vorhandenen Uhren auf.[50]

Privat war das Ehepaar im Berliner Musikleben involviert, eine Bekanntschaft mit Wilhelm Furtwängler ging über den beruflichen Kontakt zwischen dem Bankier und dem Dirigenten hinaus.[51] Ein Nachklang der Liebe zur Musik ist wiederum an dem Landhaus zu finden, dessen Eingangstür beidseitig mit künstlerischen Keramikreliefs gefasst war, von denen die jeweils obersten Reliefs Musiker darstellten. Links spielen zwei Figuren Querflöte, rechts werden sie von zwei Gitarristen begleitet. Wie die Reliefs belegen, unterhielt die Familie Kontakte mit bildenden Künstlern, doch ist darüber wenig bekannt, ähnlich über die Kunstsammlung, die das Ehepaar vermutlich besaß.

Der Bildhauer Fritz Klimsch fertigte eine bronzene Porträtbüste von Theodor Frank an, deren sachlicher Stil auf eine Modellierung Anfang der 1930er Jahre schließen lässt.[52] Damals war Carl Duisberg der wichtigste Förderer Klimschs, dass Frank den Aufsichtsratsvorsitzenden der IG Farben kannte, ist naheliegend.[53] Vielleicht war die Büste Ausdruck sozialer Konventionen, aber sicher war der Auftrag von Franks wohltätiger Gesinnung mitbestimmt. Frank war Mitglied in der Gesellschaft der Freunde, einem alteingesessenen Berliner Wohltätigkeitsverein.[54] Ähnliche Motive führten wohl auch dazu, dass der jüdische Bildhauer Alfred Hüttenbach (1897–1960) die Keramikreliefs für den Eingang sowie heute nicht mehr erhaltene

Fritz Klimsch, Porträtbüste Theodor Frank, frühe 1930er Jahre

Büsten von Margot Frank und einigen der Kinder schuf.
Diese Künstleraufträge verweisen auf ein nicht gerade konventionelles, aber auch kein radikales Kunstverständnis. Darin ähneln sie dem Auftrag an Freud für das Landhaus, der ebenfalls sowohl mäzenatisch als wohl auch von sozialen Konventionen motiviert war. Ein Berliner Großbankier konnte sich ein Haus auf dem Land nicht nur leisten, sondern mag sich aus Standesbewusstsein dazu sogar verpflichtet gefühlt haben.

Moderne Bankiersvillen und -landhäuser

Eine der frühesten, modernen Bankiersvillen in Berlin war die Villa Arnhold Am Großen am Großen Wannsee 4 (heute die America Academy in Berlin), deren Größe, Ausstattung, Lage und Verbindung zur Stadt Maßstäbe setzte, seit sie 1874 als Teil der neu entstehenden Villenkolonie Wannsee gebaut worden war.[55] 1885 übernahm Arnhold die Neo-Renaissance Villa als Wochenend- und Sommerwohnsitz neben seinem Stadthaus Regentenstraße 19. Die Villa stand auf der höchsten Stelle eines zum See abfallenden, 10.000 qm großen Grundstücks; Villa bedeutete in diesem Falle luxuriöses Haus in der Landschaft anstelle Zentrum eines agrarisch genutzten, privaten Landbesitzes.[56]

Vergleichbare Villen entstanden für Bankiers, Industrielle und andere Großbürger am Wannsee und an den anderen Seen im Südwesten von Berlin.[57]
In den ersten Jahrzehnten des 20. Jahrhunderts wurden Villen weit außerhalb von Berlin, zum Beispiel im Raum Potsdam gebaut. Ludwig Mies van der Rohe errichtete 1915 bis 1919 in Neubabelsberg am Griebnitzsee eine Villa für den Bankier Franz Urbig (1864–1944), der wie Frank bei der Disconto-Gesellschaft und dann bei der DeDi-Bank in leitender Stellung tätig war. Das neo-klassizistische Gebäude lag ähnlich der Villa Arnhold oben an einem Hanggrundstück, das sanft zum Wasser hin abfiel.[58] Knapp zehn Jahre später baute der Architekt in der Nachbarschaft für Georg Mosler (1872–1940), Vorstandsmitglied der Dresdner Bank, eine weitere Bankiersvilla, deren reduzierter, blockhafter Klassizismus nur unwesentlich durch einige barocke Zitate aufgelockert wurde.
Typologisch handelt es sich bei beiden Entwürfen um Villen, die der klassischen Einteilung von Hauswirtschaftsräumen in dem Unter-, Wohnräumen im Erd- und Privatzimmern im Obergeschoss folgen. Es waren aber keine Villen, die sich von der Stadt ab- und dem Privatleben zuwandten, sondern großzügige Bauten, die repräsentative Räume für berufliche wie private Zwecke anboten. Zwei weitere Bankiersvillen, die ungebaute Villa Eliat von Mies van der Rohe und die Villa

Stern/Schlieper von Paul Baumgarten, sind für das Landhaus Frank von Bedeutung.

1925 entwarf Mies van der Rohe für ein Seegrundstück in Potsdam-Nedlitz eine dritte, diesmal äußerlich modernistisch erscheinende, aber dennoch traditionell-repräsentativ konzipierte Bankiersvilla. Der Auftraggeber war Ernst A. Eliat (1881–1960), ein im Elsass geborener Bankier, der in den 1920er Jahren in Berlin bei der Deutschen Bank tätig war und vom Ende des Jahrzehnts an die Geschäfte der Bank in Paris führte. Für Stefan Zweig war Eliat der »gescheiteste Finanzier Deutschlands«.[59] 1920 heiratete Eliat die Berliner Jüdin Helene Clavier (1894–1989), die in den 1930er Jahren als Schriftstellerin international bekannt wurde.[60] Die beiden führten ein offenes Haus in Charlottenburgs Marchstraße 7e. Vielleicht liegt dort der Schlüssel zur Frage, wo und wie die Franks Freud kennenlernten, denn im Leben des Ehepaars Eliat überlagerte sich die Berliner Bankenwelt mit Berlins psychoanalytischen Kreisen, seit Helene Eliat in den 1920er Jahren bei Karl Abraham und an Max Eitingons Psychoanalytischer Poliklinik in Analyse war; beide Analytiker und die Poliklinik waren Bauherren Freuds.

Die Villa Stern, seit Mitte der 1910er Jahre die Villa Schlieper, ist eine wichtige architektonische Inspirationsquelle für den Freudschen Entwurf. Vielleicht arrangierten die Franks, dass Freud die Villa sehen konnte oder er kannte den Vorkriegsentwurf Baumgartens aus der Veröffentlichung 1925 in der Zeitschrift *Moderne Bauformen.*[61] Die Gartenseite der Villa entwarf Baumgarten als drei aufeinanderge- und zurückversetzte Volumen, deren Rücksprünge Aus-

Paul Baumgarten, Villa Stern, später Villa Schlieper, Geltow, 1910–12, Blick auf die terrassierte Gartenfassade

sichtsbalkone und Dachterrassen formten. Ein regelmäßiger Rhythmus von hochrechteckigen Öffnungen bestimmte die Gartenfassade. Der Vergleich mit der Seefassade des Landhauses Frank drängt sich auf, obwohl Freud das Vorbild verbesserte und modernisierte, indem er die schmalen Balkone der Villa zu

Die seeseitige, terrassierte Fassade des Landhauses Frank mit dem eingezogenen Wintergarten hinter der Glaswand und der mit Glasbausteinen überdachten Loggia

Terrassen vertiefte, ihren ungeschickt hervorstehenden Wintergarten in das Hauptvolumen hineinverlegte und ihre Fassadensymmetrien in einer freien Komposition aufhob.
In Maßen können selbst die Grundrisse verglichen werden, vor allem die der Erdgeschosse, die bis auf die Eingangskorridore eine von Fluren ungestörte, direkte Zirkulation von Raum zu Raum ermöglichen. Während die Villa Schlieper prinzipiell symmetrisch angelegt ist, changiert das Landhaus Frank im Grund- wie im Aufriss zwischen formaler Symmetrie und entspannter Asymmetrie. Die Eingangsfassade ist asymmetrisch, der Haupteingang mit den beidseitigen Keramikreliefs symmetrisch arrangiert. Neben den Musikern symbolisieren stilisierte Pflanzen- und Tierreliefs Natur und Entspannung, doch die beiden Stufen, die halbwegs die Eingangspassage unterbrechen, zwingen jeden Ankommenden kurz vor Eintritt in die Halle auf seine Schritte zu achten und eine angemessen Haltung einzunehmen. Geradeaus boten drei locker um einen runden Couchtisch gruppierte, tiefe Fauteuils Platz an einem offenen Kamin. Zur Linken hingegen standen kubische Sessel mit geflochtenen Lehnen präzise an einem rechteckigen Tisch, dessen Mitte eine Schale für Visitenkarten markierte. Mit diesem Spiel von Symmetrie und Asymmetrie, das in nahezu allen Räume im Erdgeschoss beobachtet

werden kann, gelang es Freud, ein Landhaus für das *Week-end*, wie es seinerzeit im modischen Englisch hieß, zu schaffen, das gleichzeitig wie eine traditionelle Villa eine Raumfolge für repräsentative Anlässe anbot.
Das Ehepaar Frank konnte sich nur kurz an dem Haus erfreuen. 1933 wurde Theodor Frank zusammen mit seinem jüdischen Vorstandskollegen Oscar Wassermann von der Bank entlassen, auch wenn Frank noch bis Februar 1938 im Berlin-Brandenburgischen Beirat der DeDi-Bank saß.[62] 1935 musste das Ehepaar aus seiner Wohnung am Lützowplatz in die Wielandstraße 25–26 umziehen. Im folgenden Jahr war die Reichsmusikkammer, gemäß des *Berliner Adreßbuchs*, ein neuer Mieter an der alten Adresse des musikliebenden Ehepaares. 1935 gaben die Franks wohl auch die Benutzung des Landhauses auf, denn seit 1936 wurde im *Potsdamer Adreßbuch* für Auf dem Franzensberg 1 eine Hausverwaltung R. Fiedler angeführt, obwohl im Potsdamer Telefonbuch Dr. Franks Telefonanschluss noch bis 1937 eingetragen ist.[63] Im Oktober 1937 flohen die Franks aus Berlin zunächst nach Antwerpen, wo ihre Tochter Ruth mit ihrem Mann schon im Exil lebte, anschließend nach Brüssel. Im Juli 1941 findet sich zum ersten Mal in den Archivunterlagen eine Adresse in Cannes. Dort fiel im späten August 1942 Margot Frank den Nazis in die Hände, wie aus einem

Brief geschlossen werden kann, den Dr. Frank in seinen verzweifelten Versuchen, seine Frau zu befreien, am 18. November 1942 an Papst Pius XII. schrieb. Das Ehepaar hatte den Papst noch als Nuntius in Berlin bei einem Abendessen bei Clemens Lammers (1882–1957) kennengelernt, ein ehemaliger Reichstagsabgeordneter für die Zentrumspartei und Aufsichtsratsmitglied der DeDi-Bank.[64] Als er seinen Hilferuf abschickte, wusste Theodor Frank allerdings nicht, dass die Nazis seine Frau zu dem Zeitpunkt wahrscheinlich schon längst ermordet hatten.

Epilog

1941 wurde das Landhaus offiziell ›verkauft‹ und 1942 zog dort für einige Zeit der SS-General Gottlob Berger ein. Während der letzten Jahre der Naziherrschaft wurde das Haus als Behelfslazarett und Luftschutzbunker benutzt. Nach der Kapitulation Deutschlands waren in dem Haus sowjetische Besatzungssoldaten stationiert. Ende der 1940er Jahren wohnte dort dann der KZ-Überlebende und Kommunist Fritz Selbmann, der 1949 Walter und Lotte Ulbricht in das Landhaus und zu einer Bootspartie einlud, um bei der Gelegenheit die Weichen für seine Berufung zum ersten Minister der DDR für Industrie bzw. Schwerindustrie

zu stellen.[65] In den frühen 1950er Jahren wurde das Haus Teil des Kinderheims ›Lotte Pulewka‹, der Name ehrte eine deutsche Kommunistin, die aus der UdSSR in die DDR zurückgekehrt war.
Theodor Frank überlebte das Exil und die Nazizeit in Nizza, er verstarb 1953 bei einem Besuch in Zürich. Sein Leben als angesehener Bürger Badens und Berlins, und somit auch sein Landhaus, hat er nie vergessen. Noch 1952 forderte er ein Duplikat seiner Ehrendoktorurkunde an, um die Dokumente zu ersetzen, die er während des Exils vernichten musste, damit er der Entdeckung entgehen konnte.[66]
Ernst L. Freud konnte im britischen Exil seine Arbeit als Architekt in stark vermindertem Umfang fortsetzen, bis der Zweite Weltkrieg und die Nachkriegszeit private Wohnhausbauten für viele Jahre erschwerten. Obwohl er Berlin nie wieder besuchte, dachte er gelegentlich an das Landhaus. Im Februar 1945 schrieb er seinem Cousin Harry Freud, der als amerikanischer Soldat kurz vor seinem Einsatz in Deutschland stand, dieser möge herausfinden, wie es um das Haus stünde, käme er in die Nähe von Berlin.[67] Eine Antwort ist nicht überliefert.

Anmerkungen

1 Zitiert mit freundlicher Genehmigung des Jüdischen Museums Berlin, Sammlung Kurt Siedner, Konvolut/257, 2013/116/29, Sperrung im Original.

2 S. Klarsfeld, *Le Memorial de la Deportation des Juifs de France* (Paris, nicht datiert), Eintrag Konvoi Nr. 27, 2. bis 4. September 1942.

3 V. Pilz und I. Behr, ›Der Franzensberg‹, in: Heimatverein Geltow (Hg.), *Geliti-Geltow – 1000 Jahre Geltow – Heimatgeschichtliche Betrachtungen* (Geltow, 1993), S. 71–77 (S. 71).

4 A. Herrmann, ›Die Baumgartenbrücke‹, in: *Geliti-Geltow*, S. 48–54. Für Selbmann: »Informationsblatt Villa Dr. Frank«, 11.02. 1992 (Landratsamt Landkreis Potsdam, Dezernat IV Kulturamt/Büro für Denkmalpflege).

5 T. Fontane, *Wanderungen durch die Mark Brandenburg*, Bd. 3: Ost-Havelland (Berlin, 1873), S. 195.

6 S. Krentz, *Havelländische Malerkolonie. Künstler am Schwielowsee um 1900* (Fischerhude, 2011).

7 M.-L. Buchinger, »Geltow. Die Villa Stern. Eine Innenraumgestaltung von Henry van de Velde«, *Brandenburgische Denkmalpflege*, 11. Jg. (2002), Heft 2, S. 88–91; U. Berger, »Geltow. Die Villa Stern. Konfrontation zweier Architekten: Paul Baumgarten und Henry van de Velde«, *Brandenburgische Denkmalpflege*, 17. Jg. (2008), Heft 1, S. 21–31. Herzlichen Dank an Frau C. Schulenburg, Berlin, die über das architektonische Werk von Paul Baumgarten ihre Doktorarbeit schreibt.

8 *Adreßbuch der Städte Potsdam [...] und Wannsee für 1927* (Potsdam, 1927), siehe »Geltow«.

9 Grundbuch Alt-Geltow, Am Franzensberg 1, Band 4, Blatt 148 (Gelber Family Collection).

10 A. Schlee, *Der Franzensberg. Lebenserinnerungen*, nicht datiertes Typoskript, S. 29.

11 Schlee, *Der Franzensberg*, S. 31.

12 Grundbuch Alt-Geltow, Am Franzenberg 1, Band 4, Blatt 148 (Gelber Family Collection).

13 Eine noch andere Version besagt, dass Frank begann, die alte Villa umzubauen und dass diese abgerissen wurde, als sie durch den Umbau zu hoch wurde. Siehe S. von Campe, »Ernst Ludwig Freud. Die Villa Frank in Geltow und das Neue Bauen«, Magisterarbeit (Freie Universität Berlin, 2002), S. 7.

14 Jüdisches Museum Berlin, Sammlung Kurt Siedner, Konvolut/257, 2013/116/29.

15 Vertrag zwischen der DeDi-Bank und Theodor Frank, 30. November 1929 (Deutsche Bank AG, Historisches Institut, Archiv, HADB P1/17).

16 Grundbuch Alt-Geltow, Am Franzenberg 1, Band 18, Blatt 505 (Gelber Family Collection).

17 Quadratmeterzahl: M. Noell, »Formen der Moderne – Neues Bauen im Land Brandenburg«, in: Brandenburgisches Landesamt für Denkmalpflege (Hg.), *Modernes Bauen zwischen 1918–1933. Bauten im Land Brandenburg und ihre Erhaltung* (Potsdam, 1999), S. 7–29 (S. 20).

18 V. Welter, ›Landhaus Frank (c. 1928–1930) in Geltow bei Berlin; Architekt: Ernst L. Freud (1892–1970)‹, architekturhistorisches Gutachten (Berlin, 1992).

19 von Campe, ›Ernst Ludwig Freud‹, S. 12.

20 Anita, »Landhaus am See«, in: *Die Dame*, August 1930, Heft 23, S. 10–13.

21 G. A. Platz, *Wohnräume der Gegenwart* (Berlin, 1933). S. 74–75, 237, 252, 352 (S. 75).

22 Für L. Mies van der Rohe: Rat des Kreises Potsdam (Hg.), *Denkmäler im Kreis Potsdam* (Potsdam, 1985), S. 18. Für Van de

Velde: Institut für Denkmalpflege der DDR (Hg.), *Die Bau- und Kunstdenkmale in der DDR – Bezirk Potsdam* (München, 1978), S. 270. Diese Quelle verwechselt die Villa Stern/Schlieper mit dem Landhaus Frank.

23 L. Thurn und Taxis, »Rätsel um das Haus am Schwielowsee. Eine Villa der Moderne im Wechsel der Zeit«, in: *Die Tageszeitung*, 13. November 1991.

24 Brief A. Freud an L. Andreas-Salomé, 10. Mai 1923 (D. A. Rothe und I. Weber (Hg.), *›... als käm ich heim zu Vater und Schwester‹. Lou Andreas-Salomé – Anna Freud Briefwechsel 1919–1937*, 2 Bd. (Göttingen, 2001) Bd. 1, S. 184–85).

25 L. Gamwell, ›The Origin of Freud's Antiquities Collection‹, in L. Gamwell und R. Wells (Hg.), *Sigmund Freud and Art. His Personal Collection of Antiquities* (Binghamton, 1989), S. 21–32 (S. 23).

26 A. H. [Adolf Halfeld?], »Zu Hause«, *Die Pyramide*, 15. Jg. (1928), August, S. 248–57 (S. 248).

27 Technische Universität Wien Archiv (TUWA), k.k. Technische Hochschule in Wien, Hauptkatalog 1911/12, Matr.-Nr. 307-1911/12.

28 Brief S. Freud an L. Andreas-Salomé, 18. November 1915 (E. Pfeiffer (Hg.), *Sigmund Freud and Lou Andreas-Salomé Letters* (New York, 1972), S. 36).

29 F. Augenfeld, »Erinnerungen an Adolf Loos«, in: *Bauwelt*, 72. Jg. (1981), S. 1907.

30 *Studentenakte Ernst Freud*, Historisches Archiv Technische Universität München. D. Worbs, »Ernst Ludwig Freud in Berlin«, in: *Bauwelt*, 88. Jg. (1997), S. 2398–403 (S. 2398).

31 Studenten-Karte Lucie Brasch, Wintersemester 1918/19, Archiv der Ludwig-Maximilians-Universität München.

32 M. Apt, *25 Jahre im Dienste der Berliner Kaufmannschaft* (Berlin, 1927), S. 12.

33 E-Mail von C. Zentner an Autor, London, 4. August 2014.

34 »Dr. Franz und Heinz [Hillel] Oppenheimer, Regentenstraße 2«, in: *Jüdisches Adreßbuch für Gross-Berlin Ausgabe 1931* (Berlin, 1931). S. 304.

35 Eintrag vom 18. Juli 1921, *R. J. Neutra Tagebücher*, Band 9, 1920–1922 (Box 335, Richard and Dion Neutra Papers, Department of Special Collections, Charles E. Young Research Library, University of California at Los Angeles).

36 Für ein ausgewähltes Werkverzeichnis siehe V. M. Welter, *Ernst L. Freud, Architect – The Case of the Modern Bourgeois Home* (Oxford, 2012).

37 Brief R. Neutra an Dione Neutra, 26. November 1921 (Box 36, Folder 5, Richard J Neutra Collection, Archives-Special Collection, College of Environmental Design, Cal Poly Pomona).

38 B. Ingenweyen, »Villa Frank und Park in Geltow bei Potsdam erbaut von Ernst Ludwig Freud 1928–1930«, in: L. Scharnholz (Hg.), *Die unbekannte Moderne von Luckenwalde nach Löbau* (Berlin, 2004), S. 14–19; U. Borgert, »Villa Frank in Geltow – Ein Bau des Architekten Ernst Ludwig Freud«, in: Brandenburgisches Landesamt für Denkmalpflege, *Modernes Bauen zwischen 1918–1933*, S. 61–68.

39 A. Sigrist (*i.e.* A. Schwab), *›Das Buch vom Bauen‹. Wohnungsnot Neue Technik Neue Baukunst Städtebau aus sozialistischer Sicht* [1930] (Düsseldorf, 1973), S. 67.

40 E-Mail von Gelber Family Collection an Autor, 6. August 2014.

41 Soweit nicht anders angegeben, siehe für Angaben zur Bankkarriere Franks Historische Gesellschaft der Deutschen Bank e.V., *Persönlichkeiten: Frank, Theodor*, http://www.bankge

schichte.de/de/content/859.html (aufgerufen am 14. August 2014).

42 K. Grunewald, zitiert in A. Barkai, *Oscar Wassermann und die Deutsche Bank. Bankier in schwieriger Zeit* (München, 2005), S. 16.

43 Für alle Angaben zu Lebensdaten, Wohnorten und Adressen außerhalb Berlins siehe: E-Mail von D. Weber, Stadtarchiv Heidelberg an Autor, 20. November 2005, und E-Mail von M. Caroli, Stadtarchiv Mannheim, an Autor, 5. Dezember 2005.

44 E-Mail von Gelber Family Collection an Autor, 6. August 2014.

45 Schlee, *Der Franzensberg*, S. 29.

46 Ehrendoktorurkunde Theodor Frank, 30. Juli 1923 (Universitätsarchiv Heidelberg, H-VI-178-1).

47 Brief von T. Frank an den Dekan der Philosophischen Fakultät, Universität Heidelberg, 2. Oktober 1923 (Universitätsarchiv Heidelberg, H-VI-178-1).

48 Berliner Adreßbücher 1922–1934.

49 Fontane, *Wanderungen*, Bd. 3, S. 196.

50 E-Mail von Gelber Family Collection an Autor, 6. August 2014.

51 E-Mail von Gelber Family Collection an Autor, 6. August 2014.

52 M. Großkinsky, »Fritz Klimsch als Portraitplastiker«, in: *Die Bildhauer August Gaul und Fritz Klimsch*, Ausstellungskatalog (Frankfurt, 2010), S. 232–43 (S. 233).

53 M. Großkinsky, *August Gaul und Fritz Klimsch*, S. 160.

54 S. Panwitz, *Die Gesellschaft der Freunde 1792–1935* (Hildesheim, 2007), S. 299.

55 M. Dorrmann, *Eduard Arnhold (1894–1925) Eine biographische Studie zu Unternehmer – und Mäzenatentum im Deutschen Kaiserreich* (Berlin, 2002), S. 204–207.

56 W. Brönner, *Die bürgerliche Villa in Deutschland 1830–1890* (Düsseldorf, 1987), S. 66–84.

57 *Villenkolonie in Wannsee 1870–1945. Großbürgerliche Lebenswelt*

und Ort der Wannsee-Konferenz, Ausstellungskatalog (Berlin, 2000).

58 »Urbig House, Potsdam-Neubabelsberg, 1915–17«, in: *Mies in Berlin*, Ausstellungskatalog (New York, 2001), S. 176–79.

59 Brief S. Zweig an F. Zweig, 16. Januar 1932 (J.B. Berlin und G. Kerschenbaumer (Hg.), *Stefan Zweig Friderike Zweig »Wenn einen Augenblick die Wolken weichen«. Briefwechsel 1912–1942* (Frankfurt, 2006), S. 254.

60 K.-P. Hinze, »Helene Eliat van de Velde (1894–1989): Ernst Weiß' sehr gute Freundin«, *Exil* 13. Jg. (1993), Heft 1, S. 56–61.

61 *Moderne Bauformen*, 24. Jg. (1925), Juli Heft, S. 226–27.

62 Soweit nicht anders verzeichnet, für alle folgenden Daten zu Entlassung, Emigration, Exilwohnsitze etc. siehe: Akten HADB P1/17 und P1/18 im Archiv Historisches Institut, Deutsche Bank.

63 *Adreßbuch der Städte Potsdam [...] und Wannsee für 1936–37* (Potsdam, 1936), »Geltow«; *Amtliches Fernsprechbuch für den Bezirk der Reichspostdirektion Potsdam* (Potsdam, 1937), S. 230; Schlee, Der Franzensberg, S. 36: »Dr. Frank hatte sich 1935 abgesetzt ...«.

64 Inter Arma Caritas. *L'Ufficio Informazioni Vaticano Per I Prigionieri Di Guerra Istituito Da Pio XII (1939–1947)*, 2 Bde., (Vatikanstadt, 2004), Bd. 2, S. 677–78.

65 O. Kiechle, *Fritz Selbmann als Kommunist und SED Funktionär: Individuelle Handlungsspielräume im System. Eine politische Biographie* (Düsseldorf, 2013), S. 307.

66 Brief Dr. F. Waldeck an Universität Heidelberg, 18. August 1952 (Universitätsarchiv Heidelberg, H-VI-178-1).

67 Brief E. Freud an H. Freud, 9. Februar 1945 (Folder Ernst Freud / Lucie Freud 1938–1949, box 5, Harry Freud Papers, Manuscript Division, Library of Congress, Washington D.C.).

Dank

Mein Dank gilt Stephen und Ann Freud und den Nachfahren der Familie Frank für ihre großzügige Unterstützung meiner Recherchen sowie Marion Berghahn von Berghahn Books für die Erlaubnis, Auszüge aus meinem Buch *Ernst L. Freud, Architect: The Case of the Modern Bourgeois Home* (Oxford/New York, 2012) in dem vorliegenden Band zu verwenden.

Ebenfalls danke ich allen im Folgenden und in den Bildunterschriften genannten Personen, Archiven und Bibliotheken:

Reinhard Frost und Dr. Martin L. Müller, Historisches Institut der Deutschen Bank;

Gelber Family Collection, Kalifornien;

Dott. Marco Grilli, Archivum Secretum Vaticanum, Vatikanstadt;

Albrecht Herrmann, Geltow;

Kristina Michahelles, Casa Stefan Zweig, Petropolis;

Axel Nerger, Osnabrück;

Aubrey Pomerance, Direktor des Archivs des Jüdischen Museums Berlin;

Rhonda L. Rinehart, Center for the History of Psychology, University of Akron, Ohio;

Dr. Christian Sachse, Berlin;

Renate Schein, Tel Aviv;

Christina Schulenburg, Berlin;

Sigrid Schulze, Mitte Museum, Bezirksamt Mitte von Berlin;

Manfred Uhlemann, Geltow;

France-Helene Weindling, New York;

Carola Zentner, London;

Sabrina Zinke, Universitätsarchiv Heidelberg;

Gerwin Zohlen, Berlin.

Abbildungsnachweis

Umschlag, Seiten 6, 11, 24, 28, 32, 55, 56, 60 (Büste) – Gelber Family Collection
Seiten 12, 60 – Volker M. Welter
Seite 22, 25, 29 – G. A. Platz, *Wohnräume der Gegenwart* (Berlin, 1933), mit Genehmigung der Collection Centre Canadien d'Architecture/Canadian Centre for Architecture, Montréal
Seite 43 – Freud Museum London
Seite 58 – Mitte Museum, Bezirksamt Mitte von Berlin
Seite 64 – *Architektonische Rundschau* 30. Jg. (1914), Tafel 142
Seite 65 – Collection Centre Canadien d'Architecture/Canadian Centre for Architecture, Montréal

Über den Autor

Volker M. Welter
lehrt Architekturgeschichte an der University of California in Santa Barbara. Er ist Autor von *Frühlicht in Beton* (mit C. Fischer, 1989), *Biopolis-Patrick Geddes and the City of Life* (2002) und *Ernst L. Freud, Architect: The Case of the Modern Bourgeois Home* (2012).

Jüdische Miniaturen, Band 116

Ita Heinze-Greenberg
Erich Mendelsohn
»Bauen ist Glückseligkeit«
88 Seiten, Broschur, 21 Abbildungen
ISBN 978-3-942271-34-9
EUR 8,90

Jüdische Miniaturen, Band 41

Inge Lammel

Alexander Beer

Baumeister der Berliner Jüdischen Gemeinde

64 Seiten, Broschur, 29 Abbildungen

ISBN 978-3-938485-20-0

EUR 5,90